CW00866909

Coups de coeurs

Un livre de Devil Dandy

Février 2015

Coups de cœurs inattendus,
résonnent à chaque rencontre,
l'énergie sentie catalyse les foudres,

Les escarbilles valsent et vagabondent tout autour,
les cœurs se chargent d'altitude,
les rires décorent les désirs,
les regards attirés se prennent nus,

Palpitations prophétiques incandescentes
qui durent dans le temps,
dont envient les matins éphémères
et les nuits de chair.

Coups de cœurs d'aucun artifice
immuables dans le temps,

saisis d'une affection enivrante,
horloges déréglées de saisons chaudes,

Parfum de gestes imprévus,
émotions reluisantes ornées de lenteur,
le silence caresse le corps des cœurs,
irisé de lumière errante,

bijou de transparence animée,
sculpture des appels intérieurs,
gorgé de regards sourds,
empressement de sensations chatoyantes.

Je ne suis qu'un sourire à tes côtés,
un fragment d'éternité qui découd le jour,
vibrante femme aux blancs éveils
d'un rire de rêve,

j'ai hâte de te revoir,
de te serrer fort dans mes bras
et de t'embrasser délicatement partout!

Depuis ce magnifique jour
où j'ai senti mon cœur s'ouvrir à toi,
je ne cesse de penser à toi
et de vouloir être tout près de toi.

Ta présence s'est infiltrée dans mes veines,
a piraté mon regard,
dévalisé mon cœur,
et surpris mon humanité.

Mon cœur se serre et se renverse
à chacune de nos rencontres,

inspiration que tu es,
femme précieuse de grand talent,
j'aime te savoir là, partout, au monde!

Mon cœur t'appelle de tous ses élans
mon regard te cherche partout.

J'aime ta complicité féminine,

ton cœur qui frétille et m'attire de tous les sens,

ton regard allumé qui me touche de l'intérieur,

et ton rire qui m'empare tout entier.

J'ai hâte de te revoir belle amie,

pour parler, divaguer

et semer des rires dans le temps!

À tes côtés, tout se relaie et se révèle,
tout se relève et se cadence,
tout s'émeut et s'avance,
tout se meut et s'élance,
comme une semence dans la terre de ma vie.

Je suis content que nos vies se soient croisées,
tu m'inspires tellement et réveilles tout en moi.

Je me présente à toi comme une brise enlevante
qui surgit presque de nulle part
comme un élan sincère,

un léger vacarme vacillant,
élégant comme un battement de cils,

une simplicité qui va sans dire
et qui se porte comme le charme d'un large sourire,

enclin à me glisser tout près de ta peau
de mon souffle qui se presse,

fin prêt à faire vibrer d'une bise,

ébloui et abandonné au contact renversant
d'une radieuse rencontre des lèvres.

J'aime me manifester à toi, te surprendre et te ravir,
m'approcher tout près et sentir ton cœur de femme,

m'engloutir dans tes bras et vaguer dans le temps,
m'ancrer auprès de toi pour mieux dériver,

concentré à apprécier chaque instant
qui s'efface langoureusement,

centré à ne plus être con, mais complet,
heureux et entier

de t'offrir le plus beau de ce que je sais faire
émaner
de cet humain que je véhicule,

épris à te livrer ces quelques lignes insufflées
de dilection et de diligence.

Je t'écris pour ta spontanéité et ta splendeur,
pour ton intelligente curiosité
                         et ta sincérité de cœur,

                  pour ton ouverture d'esprit et ta créativité,
                              pour ton élégance naturelle
                         et toutes tes petites ambiguïtés,

pour ta gentillesse qui me séduit sans cesse
et plus que tout, ta simple présence!

J'aime te regarder danser,

t'écouter chanter,

te voir jouer notre humanité

dans ses infinis complexités,

te contempler œuvrer avec brillance

de toute ta présence.

L'envolée lyrique de ton visage

me fait faire le tour du monde

en un frisson de seconde!

Inspiration que tu es,
femme précieuse, rare amie,

on serait si grandioses ensemble,
même si je sais qu'on ne se connait pas tant encore,
mon cœur est déjà attiré par le tien, beaucoup!

J'ai l'impression de te connaître
depuis déjà longtemps.

Sans savoir pourquoi,
je tiens déjà beaucoup à toi!

Auprès de toi tout s'enracine,
tout embrasse sens et dignité,
tout embrase les viscères de mes vérités.

Tu me réjouis tellement
et m'émerveilles sans cesse,

tu réveilles en moi toutes mes acuités,
tu es la serre des pousses de mes sens!

Peut-être ai-je aperçu, puis senti
quelque chose de trop grand, de trop beau...

je suis un artiste,
alors c'est le piège pour moi,
une faiblesse sans doute,
de laisser mon regard
se poser et se reposer sur la beauté, sur ta beauté.

Je te trouve tellement finement et délicieusement
belle, inestimable amie,

de tous tes gestes, de tous tes regards,
de toutes tes attentions,
de tous tes traits, visibles et profonds.

Même quand je dors,
mes rêves conspirent en ta faveur!

J'ai un amour qui à chaque jour
me dit de ne plus rejeter à plus tard
ou dans un au-delà infécond,

tout ce que crie mon cœur
à accomplir dès cet instant,
tout ce qui en moi ne veut pas mourir!!

Être avec toi c'est la paix et la joie
du temps qui coule sublimement,
qui s'égraine tranquillement
et qui s'étiole savoureusement.

L'énergie est partagée
et les coups de cœurs ont sonné,

la terre tourne de visages qui se confondent,
sans vraie vie
ni de sincère expression,

le tien seul me capte et me prend de sens,
comme un phare au loin
qui transperce le brouillard des cœurs égarés,
qui ramène la vie à tout un monde endormi.

La terre ralentie,
bercée d'une douce respiration
qui mille fois a fait le tour du monde
pour venir souffler dans ton cou,
toujours sous le charme,
toujours aussi séduit!

T'embrasser réveille la chaleur des cœurs,
transporte les amertumes vers un paradis immobile,
sensuel délice qui se boit comme une eau de ciel,

un fragment d'éternité se retrouve,
recousu dans les rouages du temps.

L'opéra des regards remue
de caresses mélodieuses,

le jeu des vêtements qui tombent,
la douceur des peaux qui se respirent,
qui s'effleurent et se fondent,

l'union ensorcelée réveille des siècles d'oubli,
les cœurs se figent et fusionnent,

les grandes rencontres détonnent
d'échos dans le temps.

Les émois complices bousculent le ciel
et gênent l'éternité,

les cœurs palpitent, chavirent, se perdent,
ton rire toujours fait fondre les armées!

La danse des corps cadence l'univers,
t'embrasser, déréglé de joie et de chaleur,
je te serre dans le temps de poses alanguies,
spectacle lumineux de tendres chatoiements,
du sang à voile porté par des souffles bénis.

Secousse des sens,
      rêves embrasés,
            aurore de douces effluves,
                  délicatesses de couleur sauvage
                      scintillent sur les lèvres,
mon repère caché partout.

Le sang fondu dans l'indomptable,
la valse des corps ruisselle
de couleurs inséparables,

les rires se prennent comme des caresses
et les regards secouent les cœurs.

Coup de cœurs, coups de foudres, coups de corps!

Être avec toi c'est vivre sans âge,
intensément comme à chacun
de ces moments intimes
où l'on s'unit majestueusement,
que l'on paralyse le temps de nos extases,
où l'on confond l'espace
par le rayonnement de notre rencontre,
par la vivacité de notre amour partagé
qui fraye son chemin dans les escales de l'éternité.

La profondeur de notre union,
  l'intensité de notre rencontre,
    ce déchaînement plein de douceur
      nous apprête à palper
        à coup de perles aqueuses
          et d'ébats intemporels,
            l'exaltation et les félicités

qui nous ouvrent les portes de l' Empyrée.

C'est un abandon
      complet, fertile,
            qui s'insère dans le sens et la durée.

Une conscience accrue de chaque infime sensation.

      Mon grand coup de cœur pour toi s'est mué
          en mon adhésion définitive à la vie
      et le règne d'une âme apaisée, renouvelée,
             ressaisie de vitalité.

Cette vie où tu es devenu reine
de la valeur de mon prix de l'or,

et moi, un roi qui tente de rester humble
face à un si vaste et impressionnant trésor!

Ahhhhh..... tu me fais écrire de ces choses...

de très belles choses je crois!

Respect précieux de silences féconds,
la force d'être et de ne plus lâcher,
le cœur qui bat encore et plus fort,
après avoir trouvé,
après avoir tout donné.

Je m'enfonce au creux cou
et me berce sur tes joues,
j'effleure tes courbes et respire avec bonheur,
les larmes ont moissonné les nuits,
lumière n'est plus que du jour.

Les derniers pleurs sont passés,
ils ont repoussé en fleurs,

la cage des cœurs s'est enfin effondrée,
pour toujours.

À genoux la détresse,
à bat l'écœurement,
vive le règne des ivresses,
la mort est battue d'infinies caresses.

Les murmures brumeux qui remplissent les vides
sont assoiffés de détresse qui n'existe plus,
la paix s'est installée,
les rêves se sont écarquillés,
et les plaies cicatrisées.

Les réponses se perdent,
plus rien n'est à chercher.

Les âmes sœurs se sont enfin retrouvées.

Les grandes rencontres déportent les apocalypses.

La délivrance à pris corps dans les cœurs.

La vie qui avait mal s'est débattue
de tous ses réflexes, de toutes ses existences.

Baudelaire des natures,
Camus des grands jours,
Éluard des âmes sauvages,
des siècles de cris du cœur t'on appelé,
t'ont cherché partout.

Convecteur d'éternité
pour une amie de cœur que j'ai trouvée,

72 vierges ne sont rien
en face d'un seul immense cœur de femme
qui rayonne!

Les grands coups de cœurs cognent à nos portes,

sans qu'on les attend,

sans qu'on les veuille ou les cherche,

qui réveillent tout en nous,

qui durent et perdurent à travers le temps.

J'ai tellement l'intérieur en éveil,

mes pensées mordent la vie

qui a hâte de se partager,

cœur cadeau cœur parlé,

grâce des vivants.

Le pouvoir de choisir, doute, dire,

dire suprême.

Parler écrire rire feu

Tendresse amour vivre né

Quatre fenêtres s'ouvrent sous un soleil en larmes,
le cœur se resserre
puis se donne à un jour nouveau,

les chemins se croisent
et s'allument au son d'un rire de femme,

l'empreinte d'un magnétisme ancestral
traverse les âges et chavire les vies.

Les amours intemporels s'appellent de tout cœur
et enfin se donnent une chance,
partout de sens éclatent les sourires complices.

La Terre s'entrelace de regards éperdus
face à un univers qui s'en balance.

Quelques secondes suffisent
pour fragmenter l'éternité,

les horloges tremblent devant le temps qui s'arrête,

les âmes respirent avec douceur,
se fondent et s'unissent,

le monde entier se blottit dans un psaume rupestre,

l'inoubliable basculement des grandes rencontres
renverse les vieux versets,

l'intensité de la rencontre est peut-être
l'expérience première de la vie.(1)

L'amour dans les veines respire l'univers,

mes sens de toi délices des jours,

mon cœur couleur sauvage
avec toi toujours dans l'âme miracle.

En ta présence je me sens partout chez moi,

le cœur gorgé d'amour et d'inspiration,
tu me fais aller de l'avant,
vers le beau!

Chaque jour pour moi est un pas de plus
à ta rencontre,

une pensée de plus te désirant profondément,

un souffle de plus qui se resserre
tout près de mon cœur que tu inspires,

un regard de plus
qui me fait rougir devant ta vénusté,

une action de plus
à vouloir me rendre meilleur et plus beau
sous tes yeux.

À chaque fois que je suis saisi
par la présence de ton regard,
je me plais à m'y fondre
pour te découvrir un peu mieux,
te dénuder plus profondément.

De tout cet aveu en pleine effusion,
    tu m'aides clairement à préciser
        les valeurs qui me sont chères
            et les énergies que je veux exhaler
                pour redonner à la vie.

Merci tellement d'être qui tu es!!!

Merci pour tous ces moments
incomparables en ta compagnie,
ébahi dans la banalité,
transporté dans le fabuleux,
pour tous ces moments de folie
et de grands fous rires.

C'est avec toi que je veux tout partager,
tout construire et édifier,
tout découvrir et tout créer.

C'est auprès toi que je veux œuvrer
aussi fébrilement qu'amoureusement.

C'est avec toi que je veux m'unir
pour transcender la vie!

Je veux ton entière, belle et féminine présence.

Je veux ton cœur de femme!

Je veux être là pour toi
et j'ai aussi un grand besoin de toi.

Je veux que tu soies
heureuse,
épanouie,
amoureuse de la vie
et toujours grandissante.

Tu mérites et vaux ce qu'il y a de mieux.

Tout de moi est pour toi,
je suis ton fidèle allié,

tu coules en moi
     comme une sève
          dans le sillon des siècles,

               ensemble on ruisselle
          communiant l'eau de vie
     à travers le limon des âges,

ta présence sublime
est ce pour quoi mon cri cœur d'ardeur de vivre,

dans le courant de la vie,
je me sens avec toi
comme un bâtisseur d'éternité,

     pour toi toujours,
          et encore autant,
               toujours,
                    je t'aime.

Sans toi tu me manqueras éternellement.

Sur le CD

01	I know you love me now
02	5 milligrammes de rire
03	Coups de cœurs
04	Mécanicien des âmes sauvages
05	Le sillon des siècles
06	Femme que j'adore

Texte de Daniel Deslauriers
à l'exception de 1 par Farine orpheline.

Édition et mise-en-page par Daniel Deslauriers.

Tous droits réservés. Février 2015.

Lightning Source UK Ltd.
Milton Keynes UK
UKHW041253101019
351356UK00012B/974/P

9 781320 950251